그대 가까이

명 은 애　시집

도서출판 청옥문학사

■ 시인의 말

이른 낙엽이 떨어지던 날
가는 빗줄기 사이로 여린 희망이 보였다
그 희망은 방대한 부피의 현실로
피부에 와 닿았다
아직은
덜 영글어진 언어들의 부딪힘이
까칠함을 더해 주지만
여러 선, 후배님들의 격려로 부딪혀 떨어진
언어의 디딤돌을 조심스레 밟았다
반듯하게 자리 잡음을 하지 못한 디딤돌은
한 발, 한 발 내디딜 때마다
중심을 잡지 못해 휘청거리는 몸을
아슬아슬하게 껴안았지만 하루, 이틀 걸음이 더해질수록
깊이 있는 돌다리가 될 것이라 생각하며
이 지면을 빌어 해설해 주신 임종성 박사님께
감사 드리며 출간에 앞서 애써주신 분들께도
깊은 감사를 드린다.

2013년 11월 15일 명은애 올림

●● 목 차

제 1 부 그대 가까이

제 2 부 그리움 하나

제 3 부 몰운대

제 4 부 별을 품는 바다

제 5 부 아침 바다

제 1 부

그대 가까이

3분 카레

소용돌이 온천탕에서
벌거벗은 투사들의 전투가 시작된다
감자는 바위에 부딪혀 멍이 들고
양파는 짓밟혀 흐물어지고
당근은 감자와 자리다툼 하느라 살점이 떨어져 나갔다
고기인 양 거드름 핀 버섯은
풀어헤친 머리칼이 영락없이 봉두난발(蓬頭亂髮)이다
기력을 잃은 투사는
하늘을 향해 침을 뱉는
브룩컬리의 가랑이를 부여잡고 어지럼을 토한다
각개전투에 단련된 고기는
소용돌이 속에서 전투의 끝을 보고
무지한 할머니의 손끝에서
본분을 잃고 맹맹한 국이 되어
패배의 도랑을 타고
시냇가로
다시 강을 지나
바다에서
투사들의 아우성은 침몰하였다.

결혼하고 싶었던 남자

먼 훗날,
그와 결혼해 살 거야
막연히 가슴에 품었던
그
듬성듬성 구멍 난 흙길의 먼지 속 구슬
허공에서 꽃잎처럼 낙하하는 딱지들
웃음 꽃 입히며 보낸 그 세월
꿈꾸듯
어느 날 보니
비극의 바다가
마음 깊이 출렁거리고 있었다
남편의 어깨너비만큼 세상을 보는
그녀는
더 보탤 게 없는 삶의 창가에서
가끔은
열한 살의 보고픔을 꺼내 본다.

계절의 강가에서

게으른 계절이 헝클어져 발버둥 칠 때
강가에 나가
강물이 제자리를 찾아 가는 소리를 듣는다
뒤따르는 강물이
다리에 걸려 생채기 난
앞선 강물의 등을 토닥거려 밀어주며
출렁이는 걸음을 십이 월에 들여 놓는다

돌이켜 보면
차디찬 칼 얼음 아래 흐르던 강물도
살얼음 삭히는 개나리 향기 쫓아
속삭이는 모습을 드러내고
돛단배 서글픈 낙엽 태워
젖은 손. 닿는 곳마다
골고루 숨결을 나누어 준다
흐름은 자연에 눕고
물결은 석양에 익어간다.

고뇌

산고의 진통처럼
뼈를 깎는 영혼의 멜로디
시공을 초월한 아픔으로
밤새워 통곡하고
검붉게 충혈된 마음은
긴 터널의 허공 속에 내려앉는다
흩날리는 서러움의 갈피가
한 장 한 장 두껍게 옷을 껴입을 때
지난 나날들의 서러움처럼
앙상했던 나무에 살이 돋는 가지
푸른빛을 입고
풀어 헤쳐졌던 옷고름엔 앙증맞은 열매들이
제 집인 양 자리를 잡는다
만신창이가 되어 쏟아지던
고뇌의 묵은 빛들이 제철을 만나
물오른 나무들
개구쟁이처럼 깔깔거리며 배를 잡는다.

그녀에게 쓴 편지

그녀의 작은 이야기

원하는 것을 갖는 것이 성공이라면
자신이 가진 것에 만족할 줄 아는 것이 행복이라는데
현실을 외면한 그녀는 뜬구름에 헛발질을 했다
그런 그녀를 향한 속상함에 싸늘한 손은 휴대폰을 잡는다
망각해 버린 기억처럼
덮어두고 보듬어 안자는 생각과는 달리
춤을 추듯 글자를 누르는 매정한 손가락은
지금은 말하기 싫으니 나중에 보자는
심장을 찌르는 비수를 날려 버렸다
두어걸음 뒤에서 늘
그녀가 힘들어 하는 흔적을 보며
안타까워 마음이 저려 왔지만 외면을 하고
꽤 많은 날들이 지났다 왕따
그녀의 무분별한 행동들 탓에
어디서든 환영받지 못하고 따돌림 당하는 그녀가 문득 뇌리
에 스칠 때
그녀에게 주어진 현실의 각박한 삶이
그녀를 그렇게 만들었을 거라는 억지 위로에 마음이 착잡했다
마음 같아선 지금이라도 당장 달려가

그녀의 허전한 손을 따스하게 꼭 잡아 주고 싶지만
여전히 난
주머니 속 휴대폰을 만지작거리며
마음의 편지를 쓴다
진정한 친구는 허물까지도 보듬어줘야 하는데
그러지 못해서
미,안,하,다,고.

그대 향기에 잠들다

저녁 이슬에 젖은 레몬그라스(Lemon Grass)*
슬픈 인연의 라벤더(Lavender)를
혀끝으로 만지작거리며
보랏빛 눈물 떨어진
별 총총 뜨는 서글픈 밤을
지새우다
나도 모르게 잠이 들었다.

* Lemon Grass 아로마틱 기름이나, 풀이름

그대 가까이 1

알싸한 그리움이 남긴
잿빛 찬 서리
고독의 심장은 피폐해진 마음을 찌르고
검붉은 이슬로 눈을 씻을 때
수정 빛 하늘은
발밑의 침묵으로 내려앉았다
초침을 삼켜버린 시간은
연민의 숫자에 머물러
추억의 수도꼭지를 틀고
거품의 파문은
그대 향한 목마름에 몸부림치는
그리움을
적시고
또
적셔준다.

그대 가까이 2

애증의 비가 몰아치는
잿빛 날
유리창에 부딪혀 멍든 빗방울 그리움의 웅덩이 만들고
세월의 파문 사이로 흐르는 처절한 비창의 선율은
서슬 퍼런 칼날처럼 가슴을 파고 든다
커피 잔의 따스함이 녹아내려
추억의 끝자락을 부를 때
장대비를 헤치며 다가온
그대
헤집은 야윈 가슴에
애끓는 그리움은
물안개를 피운다.

그대 가까이 3

서둘러 떠난 그대 잔영에
잃어버린 고통보다 더 사무치는 건
그대가
내 곁에 없다는 사실이었다
그리움은 조각되어 가슴에 쌓이고
터뜨리지 못한 꽃망울은
포르말린 속에 숨어 버렸다
그리움의 세월
망각되지 않는 기억
바람 탄 구름은 그대의 잔향을
하늘 끝 모서리에 풀어 놓았다
호흡할 수 없는 애절함은
평온함을 구속하고
햇빛 가득 차 부신 눈 속에
보랏빛 이슬이 맺힌다.

그대 가까이 4

산에 사는 나무들보다
짧았던 삶
들판의 잡초보다
야위었던 삶
바람이 엎드린 암담한 밤에
그대의
부채 끝 바람을 보았다
햇살처럼 따사로웠던
구름처럼 뭉클했던
바람처럼 지나간 세월
회한처럼 굽이치는 긴 시간
홀로 서성이는 외로움은 속절없고
흔들리는 가지 끝 그리움은
습관의 노예처럼 하얗게 웅크렸다.

그대 가까이 5

앞이 보이지 않는
어두운 날
불러보는 이름
동동거리는 발길과
발톱의 검은 절규
이 세상에
그대에게 가는 길이 있을까
길 따라 나섰다 오세 된
끝없는 그리움의 길
맹인의 눈처럼 찍히는
그림자 발자국
따라 가 볼까
그대 간 길이 어떤 길인지
한 번 따라 가 볼까
막혀버려 찾을 수 없는 길
귀 대고 눈 밝혀
진정
그대 간 길이 어떤 길인지
물빛 헤치고 따라 가 볼까
그러다가
산천초목 지나 구름에 실려
빈 들판을 떠돌다 어둠이 내리면 눕는
바람이 되어 볼까나.

그대 가까이 6

강에 뜬 노을이
작은 파문에도 서럽게 울던 날
그리움의 목마름은
침묵만 남기고 떠난
회한의 길목에서
어린 날
늘 내 곁에 있었던 것처럼
발밑에 깔려 있고
흩어진 추억들은 서로
부둥켜안고 있다
밤이 무미無味할 때
별이 내려앉은 머리맡은
추억의 보따리를 풀어 놓고
삶의 무게가 어깨를 짓누를 때
비타민처럼 꺼내보는 그대
가슴 한쪽에서 되살아나는
그대가 들려준 자장가
한,소,절.

그대 가까이 7

그대
걸음 옮긴 가을 숲 속
계곡 따라 우는 물줄기
밤을 하얗게 밝혔을 때
나는
누운 낙엽 위로 떨어지는
빗방울이었다

그대
걸음 옮긴 희미한 은하수
셀 수 없는 별의 아득함
나는
그때 빈 들판을 떠도는
공허한 메아리였다

그대
걸음 옮긴 잿빛 강가
피어오르는 물안개
바람결에 흔들리는 파문
나는
그때 가을 들녘에 버려진
구멍 난 표주박이었다.

그대 가까이 8

망각,

잎이 지고 새싹이 돋듯
그대에게 가는 길이
먼 곳에 있어
잊은 줄 알았다

꽃가마 탄
새색시의 갈 길 먼
그곳처럼
먼 곳에 있어
잊은 줄 알았다

노오란 민들레 홀씨 바람에 날려
찾을 수 없는 것처럼
먼 곳에 있어
잊은 줄 알았다

다시 볼 수 없는 몸부림이
젖은 감상이 되어
여행자의 한가한 도보처럼
먼 곳에 있어
잊은 줄 알았다

그대 가까이 9

민들레 홀씨
바람에 내려앉던 날
여인의 하얀 속살처럼
촉촉한 미소를 머금고 다가온
그대의 활화산 같은 눈길
더운 고백은
설익은 더위를
타오르는 불길로 만들고
꺼질 줄 모르는 불꽃은
세월이 지난 지금도
민들레 홀씨처럼 바람에 날려
설레는 마음 곳곳에
수를 놓는다

제 2 부

그리움 하나

그리움 하나

발길에 채이는 그리움 하나
행복
미소
구속
포기
눈물
떨군 고개로
켜켜이 옷을 껴입은 끈끈함
순서를 망각하고
서글픈 시선 내려앉은 길모퉁이에
숨겨진 속살 한 웅큼 뿌린다
빗물 젖은 도로는 타임머신을 타고
과거
현재
미래의
경계를 허문다.

그리움

눈 속의 하늘이 되면
쳐다보면 되지만
마음속 바다가 되면
들어갈 수 없어
그리움은 더 사무칩니다.

그리움의 홀씨

애증이 지워진 자리에
아슴한 그리움이 누웠다
출렁이는 물결 거슬러
그대 앞에 서면
키 작은 민들레, 홀씨
바람 부여잡고
더운 고백을 한다
사월의 하얀 민들레만큼
사,랑,했,노,라,고.

꽃비

작은 나비처럼
나풀거리는 꽃잎의 지천
연풍 옷 입고
가슴 스치는 몸짓 하나
눈부셔
떠오르지 않는 이의
아물거리는 기억처럼
산들바람 타고 쉼 없이 내리는
가녀린 향연.

나를 슬프게 하는 것

땅거미가 내려앉을 때
포공영의 작은 꽃 무덤 하나가
나를 슬프게 한다
비껴갈 수 없는 어둠은
아직 꺼지지 않은 태양 뒤에 있고
예견된,
결별의 길은
너무 차가워서
슬프고
또 슬펐다
내 길이 아닌
다른 길을 기웃거리던 이들도
결국은,
어둠이 풀어진 여정에
발 도장을 찍고 있다
오늘,
녹 슨 창을 열심히 닦는 것은
어제 묻힌 먹물들을 지우고
투명한 내일을 기약하기 위해서다.

나이

더해지는 한 해의 벽두에서
삶의 무게를 드리운 마음의 바다 문득
지난 세월을 읽는다
달력으로 표시되는 세월의 나이
일력의 마지막 장을 떼며
세월 따라 빛이 바랜 욕망의 지도
희망사항으로 변해 버린
꿈의 한 끝을
지금
붙들고 있다
생이 다할 때까지 따뜻하게 보내고 싶다는 갈망
정중동의 심연으로 들어가며
마음의 점을 찍는
쉰, 번, 째, 겨울.

노을진 강가

강물이 쓸고 지나 간
갈대의 발자국
시간 속으로 점등되는 네온은
누운 갈대밭에 길을 내고
허리는 석양에 걸렸다
각본 없는 드라마처럼
무거운 삶은
지전 몇 잎 쥐어진 손을
어두운 골목 잔술집으로 이끈다
찬바람 한숨 소리가 설 때
빛을 품는 가벼운 영혼은
아직 떠나지 못한
석양의 등을 떠밀고 있다.

느낌의 아침

심장의 맥박보다
세월이 더 앞서 달리고
호흡을 뛰어넘어
느낌이 먼저 자리 잡는 아침
아침 이슬이 채 마르기도 전
여린 햇살
2007년의 톱니는 쉼 없이 돌아
열두 번을 지나쳐야 할,
첫 번째
11일이라는 숫자에 머문다
사랑을 위해 잠을 깨는 여자들의 아침
명성을 꿈꾸는 남자들의 이마 위에
떠오르는 찬란한 일출.

달빛 소나타

밤새,
달빛을 쓸고 있는
나무 그림자
잎새 내려앉은 개울물에
풀어 놓은 차가운 공기
손가락 사이로 빠져나간
낙엽, 등 타고
휘청거리는 달빛.

달에 걸린 이불

바람에 출렁하고
달빛 파도 타는 이불
외줄 남사당 재주도
달빛을 가르지 못한다.
졸고 있는 별님의 잠투정

푸근한 엄마 품으로
별을 품은 구름
밀쳐 낸 파도
귀뚜라미 소리가
이불자락에 맺힌다
물방울의 더딘 낙화
맛을 모르는 티스푼은
달이 빠진 커피만 저어대고.

도시의 숨소리

블랙커피처럼 진한 도시
낮의 잔영을 쫓듯
휘청거리는 네온
알콜에 젖은 합창
꿈을 쫓는 하이힐 소리
뒷골목을 건너온 고성은
도시의 심장을 관통한다.

두려움

산맥처럼 무겁게 누운 어둠
초저녁 잠 속에 자리 잡은
명명되지 않은 꿈들
모래알처럼 흩어지며
깊이 잠든 의식을 깨운다
홀연히 앉아 질척거리는 삶에서
두려움은
천 근의 육신에 무게를 더한다
새벽 어스름,
내가 짐 지는 봇짐 속에도
태연히 두려움은 자라고 있다.

말

생각을 혀에 실어 내보낸다
그 말 때문에?
잃기도 얻기도 하고
찬사와 비난이 엇갈려
명성과 적의가 이율배반처럼 동거한다
행, 불행을 평행선처럼 끌고 가는말
신의 선물을 입 안 가득 담았다 뱉는다
따끈한 생강차가 목마르게 그립고
향기 짙은 유자차가 사무치게 그리운
차가운 날,
개선문의 라비크가 즐겨 마시던 칼바도스 맛을 떠올리며
아침에 마시는 냉수 한 컵이
혀끝에 담긴 말을
거침없이 목 안으로 밀어 넣는다.
굿.

제 3 부

물은대

몰운대 1

숨을 고르며 내려온
어머니 품속 같은 햇살
수많은 생각이
반짝이는 나뭇잎 사이를 지나
죽은 발자국 소리로 다가온다
가지 끝 음습한 바람도
아기처럼 잠들었다.
잡히지 않는 빛을 밟고
푸른 생명이 돋는 나무에
등을 기대면 들리는
잎새들의 고단한 이야기
옷깃을 여미고 걷는
바람 아래 땅
숲길엔
초록의 가지들이
쏘아대는 꽃 화살.

몰운대 2

고요한 겨울 숲 속에서
귀를 기울이면
다가오는 미망迷妄의 바람
가버린 잎들
빈 가지로 되돌아와
현재에서 미래로 달린다
낮은 떨림으로
길들여진 야생
생명의 몸부림이
삭막하게 깨어 있는
낮은
겨울 숲.

몰운대 3

잿빛 해무에 기지개 펴는 숲
벽에 걸린 그림처럼
표정 없이 바라보는 나무들
바람의 그림자가 가는 길에
먼동이 트고
드디어 이슬을 털어내는
젖은 잎새의 아침 단장
살 오른 가지들은 춤을 추고
오월의 이슬은
소나기처럼 떨어진다.

몰운대 4

어지러운 바람 따라
사방으로 흩날리는 꽃가루의 비행은
잠든 숲을 깨운다
새들의 지저귐
메아리가 깨우는 고단한 생명들
햇볕도 숨을 죽인
깊은 숲 속, 잡초들의 군락지
좁은 통로로 찾아 든 하늬바람에
햇살끼리 서로 부둥켜안는다.
해송의 허리를 안고
가만히
익어가는 봄.

몰운대 5

시간의 바다로
나뭇잎이 지고 있다
길이 지워진 숲
발자국을 지우는 나뭇잎
수많은 배신이 쌓인 낙엽
모래 씹으며 서 있는 나무들
다갈색 옷이 바람에 출렁했다.

무관심

수영장에서 만났던 그녀
오랫동안 이웃에서 살았지만
이제야 인사를 나누었다
예전의 반상회가
슬그머니 자취를 감춘 뒤
언제부턴가 이웃이 없어졌다
사방이 콘크리트 벽으로 치솟은
삭막한 도회지에서
먼 친척보다 낫다고 하던
이웃사촌은 그림자조차 찾을 수 없다
그 시절,
마음의 바다였던
산소가 있는 풍경이 그립다.

무심

훔칠 수만 있다면
허허로운 무채의 날들 앞에
피를 토하는 뜨거운 심장 내려놓고
투명한 삶을 위해 삼백예순다섯 유채도 내려놓고 싶다
뜨지 않는 헛날개짓에
속절없이 흩어졌던 개미군단
널담 사이로 다시 모여든다
꼬리 물고 이어지는 응집력 앞에
몸을 꼿꼿이 세워 보지만
황혼이 허리에 걸린 지금
무거운 발길 옮기지 못하고
일상의 터널에 갇혀 오도 가도 못한다.

문득 그리움

여름 비 살짝 다녀간 뒤
산길에 남은 발자국 하나
싱싱하게 돋은 잎새
눈동자가 머무는 곳마다
그리움의 수를 놓는다.
비 내리는 산길은
애증의 목마름이 솟는
한 폭의 수채화.

바다로 난 창

석양의 그림자가 걸린 수평선
철새들의 바쁜 날갯짓
낮의 비바체에 포물선 그리며
주홍빛 수를 놓았다
깊은 진청의 어울림으로
밀리고 쓸려가며
가라앉는 바다의 울음소리
창 가까이 다가오는 소리의 바다를
다시 그대에게 보내는 밤.

바람꽃

깊어지는 땅끝 밤
잠 속에서 홀연히
두려움에 떠는
맺지 못한 꽃잎
만년을 쓸려
모래 틈에 고개 묻고
혼자 서서 울던
긴 날,
허기진 빈 들녘을 떠돌다
어둠이 내리면
두려움 속에 누워
밤새도록 피었다 지는
새벽 어스름
여명 속으로 스미는
너.

바람 불어 좋은 날

훈기 찾아 날갯짓 하는
철새들의 까칠한 행렬에
눈을 뜨는 회색빛 아침
갈바람 부는 삶의 무대에
주홍빛 조명이 켜질 때
사계의 변화무쌍한
깨알 같은 상념들이
계절의 메마른 줄기를 타고
흘러내린다
주어진 배역에 따라
외눈박이 삐에로의 삶은
또 다른 마파람을 일으키지만
울음이 비가 되고
웃음이 눈이 되는
바람 불어 더 좋은 날이라고
허공에서 연의 꼬리를 흔든다.

바람이 전하는 말

낮잠 자기 좋은 날
잔잔히 깨우는 간지럼 바람에
끌어당긴 이불자락에 걸쳐진 얼굴
그대가 날 불렀지
3월의 어느
꽃샘추위 끝자락 밟으며 맞는
바람의날
그대가 그랬지
몽글몽글 꽈리를 틀고 있던 매화가
연지곤지 찍은 하이얀 얼굴
보이고 싶다고
또
그대가 그랬지
언덕배기 아스라히 자리 잡은 진달래가
수줍은 핑크빛 얼굴
내보이고 싶다고.

밤의 향연

어둠이 누우면
호수 위로 쏟아지는 별빛
고운 물무늬 파문되어 흩어지고
적막을 깨트리는 부엉이의
슬픈 목멤은
꼬리를 달고 도심을 향해 달린다
반짝이는 도심의 촛불들
저마다 사연을 태우고
무수히 녹아내린
촛농의 눅진함을 털며
붉은 물결로
흔들리는 거리
밤의 도시는
낮은 음계로 속삭인다.

제 4 부

별을 품는 바다

별을 품는 바다

파도가 잠든 바다
고단한 시간
낮의 모래를 털어내고
계절의 옷을 바꿔 입은
별 몇 개가 떨어진다
작은 파문
바다는 하품을 토하고
별은 바다 뒤에 숨었다
나는 알고 있다
아우성치는 파도
깊은 울림의 바다는
언젠가 다시
하늘에
별들을 갖다 놓을 것이라는 것을.

봄의 전령

때 놓친 아이의 허덕이는 밥숟갈처럼
청승맞은 빗줄기는
겨울 끝자락 끈을 미련스럽게 붙들고 있다
손을 뻗으면 닿을 듯한 가까운 곳에서
진달래 빛 전령이 새날을 펼치고 있는데
손가락 뼈 마디 같은 앙상한 나뭇가지는
겨우내 두껍게 내려앉은 세월의 흔적을 털어내느라
쉰 바람소리를 낸다
실비 아지랑이가 재촉하는 소리들을 향해
물때 벗지 못한 어린 새싹들, 이른 기지개를 편다
턱 낮은 개울가에선
미처 녹아내리지 못한 살얼음의 몸부림이
개나리 가지를 베고 졸고 있는 봄을 깨운다
일렁이며 춤을 추는
봄의 향연.

비슷한 그리움

때 묻은 계절에
염색한 그리움 하나
길바닥에 나뒹굴 때

채워도
채워지지 않는 빈 지갑처럼
비워도
비워지지 않는 바다처럼

채울수록 빈자리가 더 넓어지고
비울수록 가슴은 더 허전해지고

늘, 발아래 부서지는 햇빛
따라 걷는 그리움의 동선動線.

빛바랜 철학

걸어갈 때는 땅에 몸담고
지하철 탈 때에는 지하철에 몸담고
방에 있을 때는 방바닥에 몸담고,
치레와 꼼수에 얽매이지 않는
자유의 여신상을 들쳐 업었던 철학자
그의 철학이 혼신을 다하여
투명의 옷을 입었을 때
그의 존재는
영원히 부러지지 않는 화살이었다
그러나 공해의 세월을 지나
그의 철학이
피폐와 나약의 퇴색한 옷을 입었을 때
그의 존재는
수혈할 수 없는 혈관이었다.
먼 훗날,
예전의 공기 같은
투명인간으로 다시 돌아올 수는 없는 것일까.

사색의 찻잔

찻잔의 명상이 남긴 사색
취미가 되어버린 고혹한 사색에
혹자는,
배부른 자의 사치라며
허영의 굴레를 씌우지만
다른 혹자의,
미묘한 마음의 벗이 된다는 말에
공감의 한 표를 던지며
경험해 보지 못한
또 다른
사색의 발자국을 찾는다.

삶의 부피

세월은 나에게 묻는다
어떤 삶의 부피로 숨을 쉬고 있는지
그러나 나는 안다.
매번 호흡할 때마다
희,로,애,락의 산소를 마시며
글을 쓰는 이 순간이
분명 행복의 한 때임을… .

삶의 잔고

가치 있다 여겨온 삶도
남은 달력 한 장 앞에서는
그저 작은 몸짓이다
살 떨리는 삶
돌이켜 보면
내게 허락된 인생이
얼마나 남은 것인지
다시 확인해보지만
한 해를 마무리하는 메마른 날
쉰세 번의 해를 품은 달을 보며
줄어드는 삶의 잔고에
용수철을 묶고 싶다.

상념의 계절

시간이 멈춘 태고의 숲
나무들이 비켜 준 길로
한 조각 바람처럼
한 조각 구름처럼 걷는다
가지의 살얼음을 흔드는 바람
기억하기 싫은 응달에서
잘려 나간 나무들의 슬픔
부러진 가지 끝의 두려움
보여주기 싫은 불안한 마음
하루의 욕망을 채우려는
날파리의 자잘한 기억을 묻으며
사람들 사이로
차가운 하루가 저물고
미약한 감기처럼
몸에서 시작되는 남자의 바람
마음에서 시작되는 여자의
바람이 떨고 있는 계절.

새벽 소리

미니 폭포에서 떨어지는 물소리, 물레방아 돌아가는 소리,
이름 모를 새들의 지저귐
요란한 클랙션 소리, 백사장 한 모퉁이에서 들려오는 축구소리
소리들이 여는 이른 아침
떠나버린, 텅 빈 어제의 그 자리에
소리들을 채우며 졸고 있는 별 하나
앞서 가 버린 계절의 잔영을 안고
감정이 용수철처럼 튀는 지평을 향하여
기지개 펴는 아침.

세월을 노래하며

하늘이 가을을 느끼는 입추
대지가 가을을 느끼는 처서
사람이 가을을 느끼는 백로
보름, 또 보름이 가고
열 손가락이 더해졌지만
여전히 여름의 끝자락을
놓지 못하는 철없는 계절
어김없이 오가는 문밖의 계절은
메마른 땅 위에
눈이 시리도록 화려한 옷을 입힌다
낙엽 무덤 위에서 잠든 서녘 하늘,
검붉은 노을의 창에 기대어
저문 해는
입동을 노래한다.

술 이야기

사람이 마시는 첫째 병
아직 깨어있는 이성
술이 마시는 두 번째 병
망각되는 이성
술이 사람을 마시는 세 번째 병
무슨 말을 하는지
가늠되지 않는
이성과 망각의 줄다리기
말 대신 마시는 술
행동 대신 삼키는 술
이어지지 않는 필름처럼
이리저리 잘려 나가는 음절
지워지는 기억들
무엇이 그리 슬픈지
무엇이 그리 그리운지
쏟아내는 원통한 말들
아침이 되면
지난밤 입술을 거쳐 간
술잔처럼 깨어져 떠나간
찾을 수 없는 말의 흔적.

숫자 사이로

잠시 걸음을 멈추었을 때
아라비아 숫자 사이로 간 세월
청아한,
팔랑이던 17세 꽃띠
바람에 눕는 갈대의 애처로움과
이슬 속의 나는
이제 생활의 먼지가 묻은 중년
자각으로 느끼는 숫자 사이엔
돌아오지 않는 물소리가 있고
새벽빛이 이마에 다가 왔을 때
수정처럼 빛나는 새치의 존재.

시크릿

갈피
갈피 속에는
한 발 앞선 시크릿 속의 고통스러운 삶과
암흑의 성에 묻혀 가려움이 서술된
고통
고통들이 있다
새털 고개의 끄덕임
돌연
뿔난 파도의 세찬 도리질에
그들의 해박한
지식
지식들도 산산조각이 난다
그를 건네준 그녀의 마음은
구름 속에서 푸른 미소를 짓는다
상큼한 토마토 쥬스
침샘을 열게 하는 한 접시의 깨죽
옆구리가 터진 김밥이 아닌,
한 모금,
한 스푼,
한 줄의 희망을…
이른 아침이라 우기기엔
더딘 초침 소리와 잿빛 하늘이
그녀의 시야를 가린다.
베란다 창에 비친 여자의 모습이
애,잔,하,다.

시월 엽서

아우성치는 물소리의
깊은 울림
짧아진 해처럼
낮은 곳으로 내려앉는 나뭇잎은
세월을 거르지 않고 시간을 화장한다
척박한 환경 속에
부러진 가지 하나에도
의미를 부여하는 숙련된 손짓에
바람과 태양의 계절은
빛바랜 초록의 성장을 멈추고
갈 볕,
퇴색되어 버린 내면을 채워가는
빛의 계절
가을.

제 5 부

아침 바다

아침 바다

갈매기 날갯짓이 깨운 아침
잔잔한 바다에 아침 햇살 물들고
해무에 가려진 창가엔 추억이 앉아 있다
가는 뱃고동 소리에 갈매기 날고
숨 막히게 달려온 고깃배의 선미에
넓은 바다의 시간을 풀어 놓는다
물여울이 토해내는 해초들 사이로
넘나드는 지난 기억들
고단한 삶에 힘겨운 어부는
어제 닮은 오늘을
갈무리 진 바다에 투망하고
긴 마음을 내려 놓는다.

아침을 여는 소리

밤새
허벅지게 내려앉은 보름달의 정기 안고
억새 잎 송송이 맺힌 이슬 위에
조용히 내려앉는 이른 햇살,
연두 옷을 입는다
작은 언덕 아래
들쑥날쑥한 볏짚 지붕
물레방아가 쏟아지는 작은 물결,
하얀 물방울 튕기며 물장구치는 소금쟁이,
넘어가는 아침에 다리 한 쪽 걸친 채
갈 빛 아쉬움이
토담 굴뚝 위로
뭉실뭉실 피어오른다
보랏빛 연기,
밥 익어가는 내음.

어느 날

승산 없는
지푸라기 같은 싸움
꿈꾸는 사치
억제한 감각의 욕망이
용트림하는 지금
흩날리는 꽃비만큼
그리운 그대.

여름 단상

살찐 햇살 내려앉은
바다는
제철 만난 물고기
펼쳐진 하늘 아래
따가운 정오의 살랑바람은
비치파라솔의 열기를 식히고
구슬 섬 엽낭게,
흙살 묻은 발
바삐 움직이는 고단한 하루
지붕 높은 망루에서
매섭게 내려앉은 시선
번뜩이는 긴장감이
파도를 쓰러뜨린다.

여백

강의 파문
용암처럼 솟구친 하얀 자리
알알이 수놓은 별사탕은
추억으로 갈무리 되고
수면위로 부상한 깊은 여운
쉼 없이 채워도
남겨진 여백
한 스푼에 담기는
갈망하는 다음.

연민하는 여자

오늘날까지
금전도
명예도
권력도

나를 억누르지 못했다

오늘날까지
아름다운 음악도
아름다운 그림도
아름다운 수필도

나를 감동시키지 못했다

오늘날까지
편안함의 유혹도
편안함의 휴식도
편안함의 미래도

나를 설득시키지 못했다.

그런데
너의 표정이
의상이
걸음걸이가

나를 연민하는 여자로 만들었다
숨이 깔깔 넘어갈 정도로
기대하는 여자로 만들었다

네가
일,곱,살,인 네가.

인터넷 속으로

시간 잊은 모니터
그 속에 갇힌
허부러진 모습
윙윙거리는 기계음
붓끝 간지럼으로 귀에 꽂힌다
풀린 눈동자
미동 없이 쳐다보는 모니터
반딧불 커서가 남긴
검은 발자국의 깜박임
아라비카의 고혹한 향을 품은 키보드는
현실의 짓눌림에 숨을 헐떡인다
백설白雪의 모니터가 분양한
네모 난 작은 집들
닫힌 창으로 드는 고개 든 여명
낯선 활자의 사연들은
마우스 속으로 자취를 감추고
디지털 세상 속의 잰 발걸음은
내일을 위한
발자국을 남긴다.

차가운 미소

얼어붙은 계절,
아스라이 떨며 몸부림치던
갈 빛 외로움
활화산처럼 타는
한여름의 아스팔트,
톡 톡 터지는 팝콘처럼 풍성했던 정열도
싸늘한 바람이 스쳐간 허공 속에 숨어 버렸다
내 젊음이 에메랄드 같았던
그 시절의 사랑도 회색빛 미로 속으로
숨고
또 숨어 버렸다
송곳같은 자리를 박차고 일어설 때
내연內燃 하는
이 계절
몸서리치듯 살아있는
마지막 잎새.

철새들의 비행

빠알간 해를 등 뒤로 하고
줄지어 나는 철새들
늙은 사공의 손놀림만큼
시공을 초월한 힘찬 날개
도시의 고층 건물 유리창에
선혈처럼 얼룩지는 햇살 안고
무리 속으로 재도약하는
대열을 이탈한 철새 한 마리 .

커피 예찬

소슬바람이 늑골을 지날 때
눈물의 커피
더치의 방울이 가슴을 적신다
커피 알갱이마다 베어있는 삶의 희로애락
그 잔엔 장인의 혼이 담겨 있고
인간의 연을 잇기도 끊기도 하는
커피 한 알,
한 알에
인생의 작은 이야기
연인의 입술처럼 달콤한
비엔나의 황홀한 향
성난 바람을 잠재우는
그윽한 아라비카향의 검붉은 따스함
깊은 유혹의 쓴맛, 에스프레소향
마음이 간절할 때
기억조차도 조작할 수 있는
커피 한 잔.

커피 한 잔의 여유

정지된 시간
추억처럼 자라난 물기둥이
하늘만큼 넓어지는 그리움
텅 빈 찻잔 속에 가득 채워진
갈빛 그림자
바쁜 삶 속에서도
커피 한 잔을 즐길 수 있었던
넉넉한 여유
잠시,
허기에 얼룩진 비틀거림이
영혼의 창을 두드릴 때
내 가까이 걸어 둔
시간은
그리움을 다 허비한 찻잔을
갈빛으로 데운다.

행복의 공식

숨조차 허덕일 여유 없이
핍박받는 삶,
달음질하듯 쫓고 쫓기는 그녀
천 원을 벌면
천백 원이 손을 벌린다
가파른 현실은
그녀를 벼랑 끝 모서리에 세워 놓았다
등을 의지하는 이불자락이
어느 날 갑자기 오동나무가 되어
눈뜨는 아침이 아니길 바라며
피폐한 삶 속에서 거르지 않는 모닝콜
행복의 공식이 있다면
그녀에게 풀어서 안겨주고 싶은 아침,
코끝이 쏴한 어느 날.

헤어스타일

운동화 바닥에 묻혀 떨어지는 모래
바다 특유의 갯내음을 한껏 들이켜며
귓불을 때리는 차가운 바람에
허공을 무대 삼아 춤추는 머리카락 사이에
다섯 가락 무희가 흥을 더한다
'그래, 이번엔 정말 머리 스타일을 바꿀 거야.'
새해 들어 날마다 입속으로 중얼거린다
길고 세련된 매직
중년의 상징인 우아하고 풍성한 웨이브의 퍼머
알뜰 자린고비 아줌마의 꼽슬꼽슬 파마
풋사과의 상큼한 향기를 품은
17세 꽃띠 젊은이의 숏 컷트
요즘 유행하는 단발머리 펨 사이에서
흩어진 모래알처럼 방황한다
여고 졸업 후
한 번도 바꾸어 보지 못한 머리를 두고
도마 위에 오른 생선마냥
이리저리 칼질을 해대는 병아리들
반복되는 노오란 재잘거림에
웬만큼 이력이 붙었는데도 그 자리를 벗어나면
퍼덕이는 비늘에 모습을 담는다
작은 바람에도 춤추는 머리카락을 매만지며
관능적이고 늘어진
탄력 있는 탱고의 묘미를 상상 해 본다.

혼자 눈뜨는 아침

엄숙한 겨울의 낯선 어울림
정점에 눈높이를 맞춘다
심장을 관통하는
눈 속의 에메랄드빛 호수
야윈 숲 속 메마른 소리가
감정의 음계에 속살을 비빈다
피곤한 가지 끝 어둠 속에서
아침이 서서히 밝아 올때
정제되지 않은 언어,
부딪히는 언어들 사이로
비집고 나오는 나.

휴일

천장의 요동
휴일은 비바체 되어
사정없이 벽지를 할퀸다.
민들레의 솜털 같은 씨앗처럼
작은 바람에도 날아갈 것 같던
앙증맞은 그녀에게서
어떻게 그런 헐크의 힘이 나오는 것인지
최면을 걸고 싶어진다
해와 달,
그 긴 터널을 지나
무료함은 흘러내리고
생채기는 발버둥치는 그녀를
괴물처럼 흔들어 놓는다
허공을 날다 터져 버리는 비눗방울처럼
외침은 의미 없는 산산조각으로 날아간다
천사의 날개 뒤에서
그녀는 오늘 악동의 거울을 보고 있다.

해　　설

저녁의 말들과 부드러운 감성

임종성 (시인, 문학박사)

저녁의 말들과 부드러운 감성

임종성 (시인, 문학박사)

한 편의 시 안에 유입된 언어에는 자연과 세계, 사물의 속내를 투명하게 보여 준다.

시의 행간에는 사람의 다양한 일상의 모습이 투사되어 생의 내면과 외형, 해와 하늘 빛이나 흐르는 물, 새소리, 꽃나무의 향기와 빛깔이 스며 있고, 깃들어 있고, 배어 있다.

이러한 단상에 연관하여 명은애의 처녀 시집의 속내를 읽어 보기로 한다.

정지된 시간
추억처럼 자라난 물기둥이
하늘만큼 넓어지는 그리움
텅 빈 찻잔 속에 가득 채워진
갈빛 그림자
바쁜 삶 속에서도
커피 한 잔을 즐길 수 있었던

넉넉한 여유
잠시,
허기에 얼룩진 비틀거림이
영혼의 창을 두드릴 때
내 가까이 걸어 둔
시간은
그리움을 다 허비한 찻잔을
갈빛으로 태운다. [커피 한잔의 여유] 전문

화자 앞의 시간은 정지되어 있다. 차를 마시며 〈하늘만큼 넓어지는 그리움〉에 젖어 〈바쁜 삶 속에서도/ 커피 한 잔을 즐길 수 있었던/ 넉넉한 여유〉를 누리고 지복의 시간을 마련하고 있는 것이다. 〈내가 가까이 걸어 둔 /시간〉에 영혼의 창밖을 내다보며 〈그리움을 허비한 찻잔〉을 기울이며 먼 회상에 잠긴다.

민들레 홀씨
바람에 내려앉던 날
여인의 하얀 속살처럼
촉촉한 미소를 머금고 다가온
그대의 활화산 같은 눈길
더운 고백은
설익은 더위를
타오르는 불길로 만들고

꺼질 줄 모르는 불꽃은
세월이 지난 지금도
민들레 홀씨처럼 바람에 날려
설레는 마음 곳곳에
수를 놓는다. [그대 가까이 9] 전문

화자는 작은 민들레 홀씨 속에 난 작은 길을 따라 쟁기를 등에 지고 가는 농부를 향해 다소곳이 두 손 을 모으고 절을 하고 싶은 어진 마음을 가져 보는지 모른다. 민들레 홀씨 속에는 천지와 우주 전체가 깃들어 있고 〈촉촉한 미소를 머금고 다가온/ 그대의 활화산 같은 눈길/ 더운 고백〉이 머물러 있다.
이러한 뜨거운 눈길과 더운 고백은 〈꺼질 줄 모르는 불꽃〉이 되어 타올라 오랜 세월을 넘긴 지금에 와서도 〈설레는 마음 곳곳에/수를 놓는다〉고 낮은 목소리로 다가온다.

꽃가마 탄
새색시의 갈 길 먼
그곳처럼
먼 곳에 있어
잊은 줄 알았다

노오란 민들레 홀씨 바람에 날려
찾을 수 없는 것처럼

먼 곳에 있어
잊은 줄 알았다. [그대 가까이 8] 부분

오래된 연정의 대상으로 짐작되는 그대는 먼 곳에 있다. 〈꽃가마 탄 / 새색시의 갈 길 먼 그곳처럼〉 먼 곳은 잘 보이지 않기 때문에 잊기 쉽다. 망각은 결핍이며 부재다. 그래서 그리워하고 기다리는 대상은 바람에 날리는 민들레 홀씨처럼 사라져 보이지 않는다. 〈 먼 곳에 있어 / 잊은 줄 〉 알았다는 것은 잊혀지기를 바라지 않는 마음으로 드러난다.

그대
걸음 옮긴 가을 숲 속
계곡 따라 우는 물줄기
밤을 하얗게 밝혔을 때
나는
누운 낙엽 위로 떨어지는
빗방울이었다

그대
걸음 옮긴 희미한 은하수
셀 수 없는 별의 아득함
나는
그때 빈 들판을 떠도는
공허한 메아리였다

그대
걸음 옮긴 잿빛 강가
피어오르는 물안개
바람결에 흔들리는 파문
나는
그때 가을 들녘에 버려진
구멍 난 표주박이었다. [그대 가까이 7] 전문

그리운 눈길이 쏠리는 그대에 대한 연민의 파장은 깊고 넓다. 그렇지만 그대는 〈가을 숲 속/ 계곡 따라 우는 물줄기〉이며, 〈걸음 옮긴 희미한 은하수〉이며, 〈피어오르는 물안개/ 바람결에 흔들리는 파문〉인데 '나'는 작고 축소 지향적이다.
이를테면 '나'는 〈누운 낙엽 위로 떨어지는 / 빗방울〉이거나 〈들판을 떠도는 공허한 메아리〉 이거나 〈가을 들녘에 버려진 구멍 난 표주박〉에 지나지 않는다고 고백한다. '그대'라는 위의에 기가 죽은 것이다.

엄숙한 겨울의 낯선 어울림
정저에 눈높이를 맞춘다
심장을 관통하는
눈 속의 에메랄드빛 호수
야윈 숲 속 메마른 소리가
감정의 음계에 속살을 비빈다
피곤한 가지 끝 어둠 속에서
아침이 서서히 밝아 올 때

정제되지 않은 언어,
부딪히는 언어들 사이로
비집고 나오는 나. [혼자 눈 뜨는 아침] 전문

화자는 이제 〈엄숙한 겨울의 낯선 어울림/ 정점에 눈높이〉를 정하려 한다. 현실은 차가워 어떤 감상도 허용하지 않기 때문이다. 꽃으로 피어나지 못한 지난날을 환하게 지우고 싶은지 모른다. 가고 싶었지만 끝내 가지 못한 길을 깨끗이 지우고 나면 촘촘히 엮인 하늘의 그물을 빠져 나와 아침 햇살을 맞는 것이다.

숨을 고르며 내려온
어머니 품속 같은 햇살
수많은 생각이
반짝이는 나뭇잎 사이를 지나
죽은 발자국 소리로 다가온다.
가지 끝 음습한 바람도
아기처럼 잠들었다.
잡히지 않는 빛을 밟고
푸른 생명이 돋는 나무에
등을 기대면 들리는
잎새들의 고단한 이야기
옷깃을 여미고 걷는
바람 아래 땅

숲길엔
초록의 가지들이
쏘아대는 꽃 화살. [몰운대 1] 전문

오래된 바람은 없다. 바람이 언제 첫걸음을 내딛든, 또 어디서 걸음을 끝내든 한순간에 전 생애를 다 써 버리기 때문이다. 바람이 나선 길의 끝은 맨 처음 출발했던 곳에 다시 도달하는 것이다. 이러한 바람 앞에 정지란 말은 있을 수 없다. 오직 끝없는 시작이 있을 뿐이다.
화자는 〈푸른 생명이 돋는 나무에 /등을 기대며 들리는 / 잎새들의 고단한 이야기를 듣는다. 숲 속의 길에 뻗어나온 나무를 보며 〈푸른 가지들이/쏘아대는 꽃 화살〉을 벅찬 가슴으로 맞고 싶어 한다. 그러나 삶의 현실은 늘 이중적이다. 모순과 역설이 지배한다.

명은애의 처녀 시집은 날이 저물어 달과 별들이 떠올라 찻잔을 들고 창밖을 내다 보는 여유와 정감에 밀착되어 있으며, 낮에 바쁘게 오르는 사이 보지 못했던 아름다운 꽃에 시선이 머무르는 저녁의 말들은 차분하고, 뉘엿뉘엿 지는 해의 따스한 그늘을 드리우고, 문명과 속도에서 너무 가까워진 낮의 풍경에 대한 감성적 성찰을 내장하고 있다.

그대 가까이

명은애 詩人 시집

인쇄일:2013년11월10일
발행일:2013년11월15일

지은이: 명은애
펴낸이: 최경식
펴낸곳: 도서출판 청옥문학사
기획처: 문화마을

등록번호 제10-11-05호
사무실: 부산시 동래구 명륜동696-38
전화: 051)517-6068 FAX 051)529-6068
E-mail: kyu500@hanmail.net

ISBN 978-89-97805-13-6
값: 10,000원